I0866624

mi Primera Biblia ILUSTRADA

PERTENECE A:

Mi Primera Biblia Ilustrada
© 2025 por Editorial Patmos

Publicado por Editorial Patmos,
Miramar, FL 33027.

Todos los derechos reservados.

Publicado originalmente en inglés por Candle Books, parte de SPCK Group,
36 Causton Street, London, SW1P 4ST, con el título *Candle First Bible*
© 2022 ZipAddress Limited.

Las citas bíblicas se toman de la versión Reina-Valera 1960 ® © Sociedades Bíblicas en América Latina, 1960. Renovado © Sociedades Bíblicas Unidas, 1988. Utilizado con permiso. Reina-Valera 1960® es una marca registrada de Sociedades Bíblicas Unidas, y se puede usar solamente bajo licencia.

Traducido por Vanessa Valle
Revisado por Loida Viegas
Diseño gráfico por Adrián Romano.

ISBN: 978-1-64691-450-0

Categoría: Niños.

Impreso en China | *Printed in China*

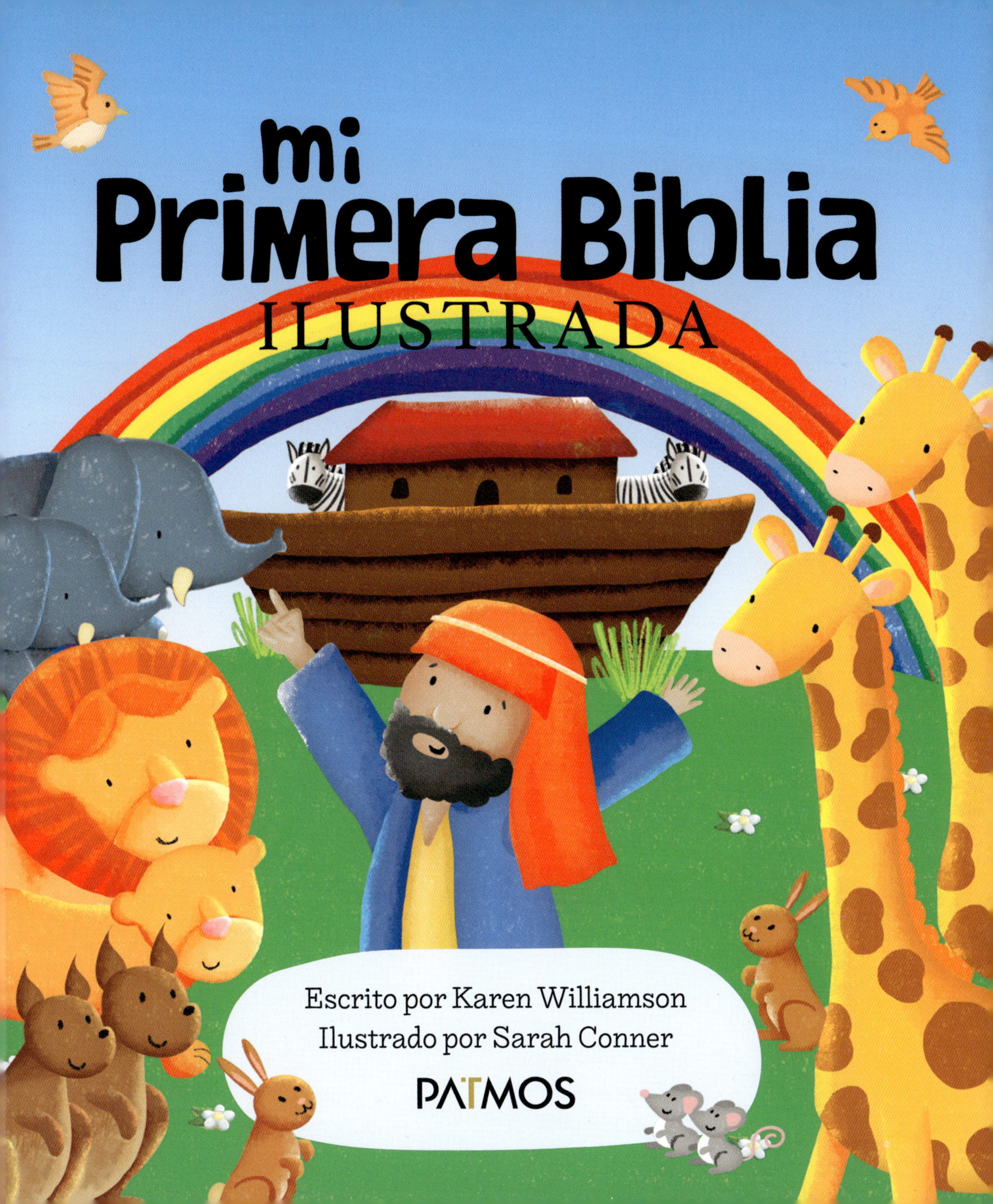
mi
Primera Biblia
ILUSTRADA
Escrito por Karen Williamson
Ilustrado por Sarah Conner
PATMOS

Historias del Antiguo Testamento

Historias del Nuevo Testamento

El Antiguo Testamento

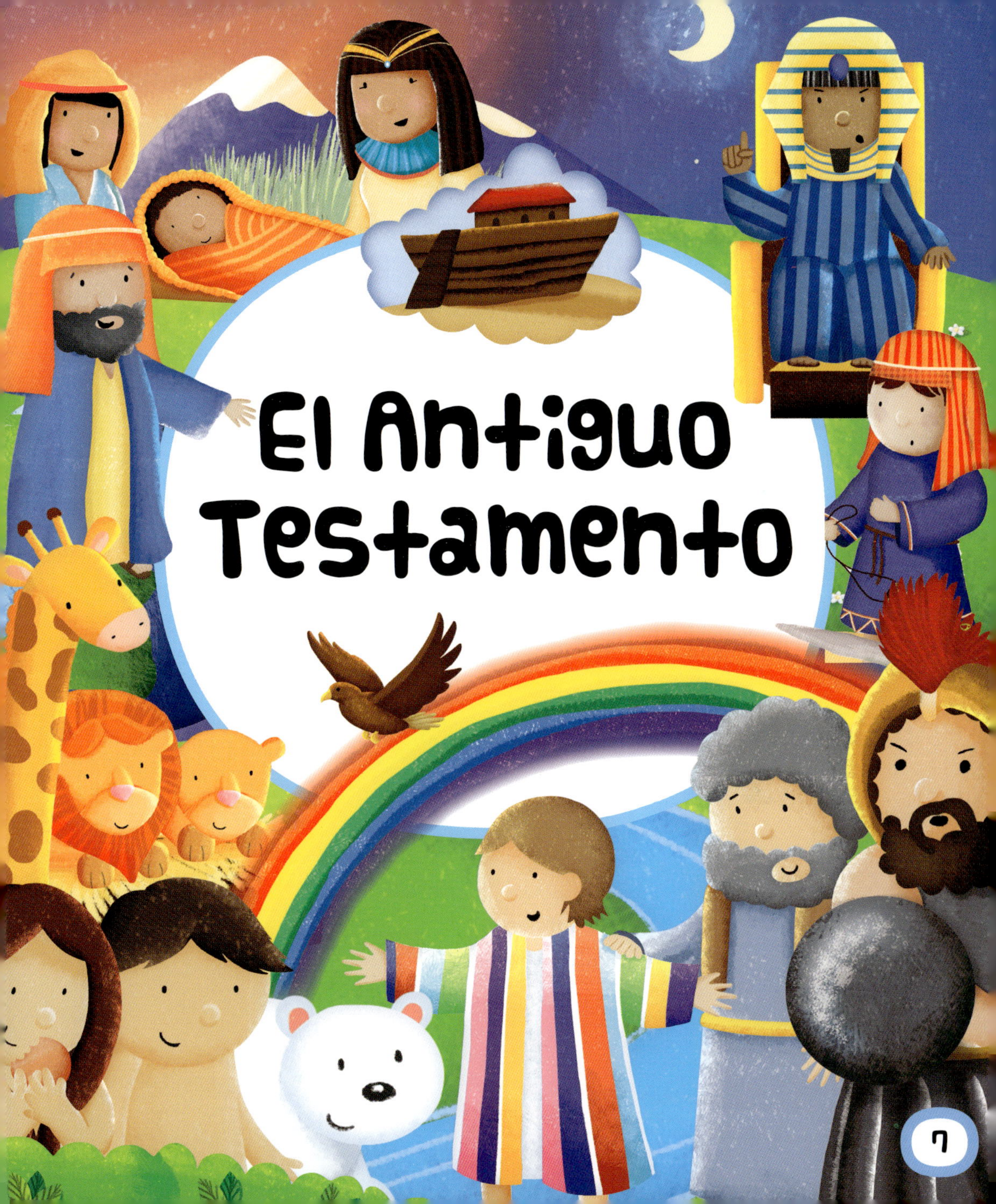

En el principio

¡En el principio no había nada!
No había personas,
no había luz,
no había nada.

Entonces Dios dijo: «Que se haga la luz». Y se hizo la luz. Dios creó el día y la noche.

El segundo día, Dios puso el agua en el mar y en las nubes del cielo.

El día tres Dios hizo la tierra seca. Hizo las montañas y los valles, y los ríos que los atraviesan.

El día cuatro Dios puso el Sol en el cielo. También puso a la luna y a las estrellas para que brillen en la noche.

Al siguiente día —el número cinco— Dios llenó el mar con peces y el cielo con pájaros.

El día seis, Dios hizo todo tipo de animales. Son muchos animales diferentes.

Ese mismo día Dios hizo al primer hombre, Adán. Y al día siguiente, el día siete, Dios descansó.

Adán vivía en un jardín hermoso, el jardín se llamaba Edén.

Pero Adán estaba solo, así que Dios hizo a una mujer también. El nombre de ella era Eva.

«Disfruten del jardín que les he dado», les dijo Dios. «Pero nunca coman de la fruta de ese árbol especial».

Adán y Eva estaban contentos en el jardín. Ellos se sentían muy seguros y felices.

Pero un día, una serpiente se acercó y le dijo a Eva: «¿Por qué no comes de esa fruta?».

Entonces Eva le respondió: «Dios nos dijo que no comiéramos de ese árbol».

«No les hará daño», le dijo la serpiente. Entonces, Eva le dio un mordisco.

Luego fue donde Adán y le dio un poco de la fruta. Él comió también.

Esa noche Dios llegó al jardín.
«Adán, ¿dónde estás?», llamaba Dios.

Dios pronto encontró a los dos. «¿Por qué se esconden?», les preguntó.

Adán respondió: «Eva me dio de la fruta, y yo la comí».

Luego Eva dijo: «La serpiente me engañó, y por eso comí de la fruta».

Adán y Eva habían desobedecido a Dios. Entonces él les dijo con tristeza: «Deben irse del jardín». Adán y Eva se fueron del Jardín del Edén. Nunca volvieron a verlo de nuevo.

Ahora Adán y Eva tenían que trabajar muy duro cavando, sembrando semillas y desmalezando. ¡Qué diferente de su vida feliz en el Edén!

¿Qué encuentras en esta historia?

1. La luna
2. Un pájaro
3. Un río
4. Un león
5. Una serpiente

Repasemos

¿Puedes recordar que día Dios descansó?
¿Por qué Adán y Eva tuvieron que irse del Jardín del Edén?

Noé y el arca

Hace mucho tiempo hubo un hombre bueno llamado Noé.

Un día Dios le dijo: «Voy a enviar un terrible diluvio».

«Debes construir un gran barco... un arca».

«Cuando el arca esté terminada, reúne dos animales de cada especie y llévalos al arca».

Entonces Noé y sus tres hijos empezaron a construir una gran arca.

Ellos martillaron, cortaron y pintaron y por fin el arca estaba terminada.

Luego, empezaron a reunir a los animales.

Dos animales de cada especie.

Todos los animales marcharon y entraron en el arca...

...grandes leones e insectos diminutos.

Y cuando todos estaban seguros dentro del arca, Dios cerró la puerta.

Luego comenzó a llover. Llovía tan fuerte y había tanta agua que el arca empezó a flotar.

Dentro, los animales estaban calientes y secos.

Noé y su familia alimentaban a los animales cada día.

Por fin, después de 40 días y 40 noches, la lluvia se detuvo. Despacio, despacio el agua fue bajando.

Hasta que un día el arca llegó a tierra. ¡Cataplum!

Noé se preguntó: «¿Habrá algún lugar con tierra seca?». Entonces envió a una paloma para averiguarlo. Pero la paloma regresó y Noé volvió a enviarla de nuevo.

Esta vez, la paloma regresó con una hoja en el pico. Noe dijo: «¡Debe haber árboles en algún lugar!».

Noé abrió la puerta del arca y los animales salieron deprisa.

En ese momento, Dios puso un arco iris en el cielo, y prometió: «Nunca más llenaré de agua la tierra».

Dios salvó a Noé, a su familia y a los animales del gran diluvio.

¿Qué encuentras en esta historia?

1. Un martillo
2. Un elefante
3. Una ballena
4. Una paloma
5. Un arco iris

Repasemos

¿Qué le dijo Dios a Noé que construyera?
¿Qué le prometió Dios a Noé después del diluvio?

José

El viejo Jacob tenía 12 hijos.
Él amaba a cada uno de ellos.

Pero Jacob amaba más a José,
lo amaba más que a los demás.

Un día Jacob le dio a José una
capa especial.

Los hermanos se sintieron
celosos. Decían: «¿Por qué José
siempre recibe los mejores
regalos?».

Un día José dijo a sus hermanos: «Soñé que cada uno de nosotros tenía un manojo de trigo».

«¡Todos sus manojos se inclinaron delante el mío!».

«Entonces, ¿crees que deberíamos inclinarnos ante ti?», preguntaron enojados los hermanos de José.

Un tiempo después, Jacob le pidió a José que llevara comida a sus hermanos. «José, tus hermanos están lejos cuidando las ovejas».

Entonces José se fue al desierto a buscar a sus hermanos.

Unos comerciantes pasaban por allí. «¡Vendamos a José!», dijeron sus hermanos. «Así nos libraremos de él para siempre».

Los comerciantes compraron a José y se lo llevaron a Egipto. Ahí lo vendieron a un hombre rico llamado Potifar.

José trabajó muy duro para Potifar.

Pero la esposa de Potifar le dijo mentiras sobre José.

Al pobre de José lo metieron en la cárcel.

En la cárcel, también estaba un sirviente del rey y una noche tuvo un sueño extraño.

José le explicó: «Tu sueño significa que el rey quiere que trabajes para él otra vez». Efectivamente, el sirviente pronto salió de la cárcel.

Más tarde, el rey también tuvo un sueño extraño. Siete vacas gordas salieron del río. ¡Luego siete vacas flacas se tragaron a las vacas gordas! Nadie sabía lo que significaba.

Entonces el sirviente recordó. «José explicó mi sueño», le dijo al rey. «¡Traigan a José aquí!», ordenó el rey.

«Su sueño significa que Dios enviará siete años de buenas cosechas», explicó José. «Luego seguirán siete años sin cosecha».

«Guarde el grano en los años buenos», le dijo.

«Entonces podrá alimentar a todos en los años malos».

Luego el rey puso a José a cargo de guardar el grano. Cuando llegaron los años de hambre, todos tenían suficiente para comer.

Un día, el viejo Jacob se quedó sin grano y envió a sus hijos a Egipto para buscar comida.

Cuando José vio a sus hermanos, lloró de alegría. Y ellos lamentaron mucho haber sido tan crueles con él.

¿Qué encuentras en esta historia?

1. Un abrigo especial
2. Manojos de grano inclinados
3. Rejas de prisión
4. Siete vacas flacas
5. Sacos de grano

Repasemos

¿Por qué los hermanos de José fueron crueles con él?
¿Qué encargó el rey a José?

Moisés en los juncos

El cruel rey de Egipto dio una orden terrible.

«Arrojen a todos los bebés varones israelitas al río Nilo», dijo.

Una madre israelita escondió a su bebé en su casa.
Pero tenía miedo de que un soldado pudiera oír llorar al bebé.

Así que hizo un plan.

Se puso a trabajar con su hija, Miriam. Ellas hicieron una canasta de juncos.

Cuando la canasta estuvo terminada, le dijo a Miriam: «¡Ahora pon a nuestro bebé en la canasta!».

Se apresuraron hasta el río y dejaron flotar la canasta en el agua.

«Escóndete cerca y espera», dijo la madre. Miriam se quedó detrás de unos juncos, observando atentamente.

Después de un rato, Miriam escuchó voces. Era la princesa de Egipto que llegaba a bañarse.

De repente, la princesa notó algo entre los juncos.

«¿Qué es eso?», le preguntó a su criada: «Por favor, tráemelo».

La criada corrió a sacar la canasta del agua y la llevó a su señora.

La princesa levantó la tapa con cuidado.

«¡Qué bebé más hermoso!». Ella se quedó sin aliento al verlo. «Yo cuidaré al niño como si fuera mío».

En ese momento, Miriam se acercó con cuidado. «¿Quizás necesite una niñera para el bebé?», preguntó tímidamente.

«¡Sí, por favor!», dijo la princesa. «Tráeme una niñera».

Miriam corrió a casa
tan rápido como pudo.

Pronto regresó, trayendo a su
madre con ella.

«Esta mujer estará muy
feliz de cuidar al bebé»,
dijo Miriam, señalando
a su madre.

«¡Gracias!», dijo la princesa.
«Por favor, cuídalo bien.
Cuando sea mayor, tráelo
a vivir conmigo».

Un día, la madre del niño lo llevó al palacio. «Te llamaré Moisés», dijo la princesa.

Moisés fue criado como un príncipe en el palacio egipcio.

Pero Moisés nunca olvidó que Dios lo salvó del cruel rey de Egipto.

¿Qué encuentras en esta historia?

1. Un rey cruel
2. Soldados
3. Una canasta de juncos
4. Unos juncos
5. Una princesa

Repasemos

¿Quién se escondió detrás de unos juncos, para cuidar a su hermano?
¿Cómo llamó la princesa al niño?

Rut y Noemí

Rut vivía con su suegra, Noemí.

Les costaba mucho encontrar lo suficiente para comer.

«Volveré a mi país», dijo Noemí. «Quizás allí tengan más comida». Noemí era de la ciudad de Belén, a muchos kilómetros de distancia.

Pero Rut no quería que Noemí viajara sola.

«Adonde tú vayas, yo iré», le dijo.

«Tu pueblo será mi pueblo. Tu Dios será mi Dios».

Así que Rut y Noemí emprendieron juntas el largo camino a Belén.

Llegaron en época
de cosecha.
Los agricultores
estaban
recogiendo
grano.

«Ve a los campos», le dijo Noemí
a Rut. «La gente con hambre
puede recoger grano».

Temprano en la mañana, Rut fue a un campo
que pertenecía a un granjero llamado Booz.

«Quién es esa muchacha?», Booz le preguntó a un ayudante.
«Se llama Rut», dijo el hombre.

«Está recogiendo grano para compartir con su suegra Noemí».

«Sé amable con Rut», le dijo Booz a su ayudante.
«Deja más grano en el suelo para que ella pueda recoger».

Algunos ayudantes compartieron su almuerzo con Rut.

Rut regresó a casa de Noemí con una canasta llena de grano.

«¡Lo has hecho muy bien!», dijo Noemí. «Booz ha sido amable con nosotras».

Rut regresó a los campos de Booz todos los días hasta que terminó la cosecha.

Booz se aseguró de que todos sus ayudantes fueran amables con ella. Rut siempre tenía mucho grano.

Booz se había enamorado de Rut.

Rut y Booz se casaron. «Por favor, ven a vivir con nosotros», le dijeron a la anciana Noemí.

Poco tiempo después, Rut y Booz tuvieron un bebé. «Gracias, Dios, por cuidar de nuestra familia», dijeron.

¿Qué encuentras en esta historia?

1. Una manzana
2. Un burro
3. Un bulto amarillo
4. Una canasta de grano
5. Un bebé

Repasemos

¿Qué le pidió Booz a su ayudante que hiciera?
¿Qué les pasó a Rut y a Booz?

Samuel

Cada verano, Ana y su esposo viajaban al Templo de Dios en Silo.

Allí se reunían con muchas otras personas para adorar a Dios.

Ana a menudo se sentía triste porque no tenía hijos.

«¡Por favor, no llores!», le decía su esposo.
«Yo siempre te amaré.»

Ana fue al templo a orar. «¡Señor, por favor, déjame tener un bebé!», le pedía.

El sacerdote Elí estaba sentado fuera del Templo. «¿Por qué lloras tanto?», le preguntó con amabilidad a Ana.

«Señor», le dijo ella. «Le estoy contando a Dios mis problemas».

«¡Vete a casa!», le dijo Elí. «Todo estará bien. Dios responderá tus oraciones».

Poco después, Ana recibió
una gran noticia.
«¡Voy a tener un bebé!»,
le dijo a su esposo.

Cuando nació su bebé,
decidieron llamarlo «Samuel».

Unos años después, Ana
y su esposo llevaron al
pequeño Samuel al Templo.

«Nos gustaría que Samuel se
quedara aquí», le dijo Ana a Elí.
«Él puede ayudar en el Templo.
Es mi manera de agradecerle a
Dios por haberme dado un hijo».

Cada año, Ana venía a visitar a Samuel. Siempre le traía un abrigo nuevo y elegante.

Una noche, cuando estaba en la cama, Samuel escuchó una voz que lo llamaba: «¡Samuel, Samuel!».

Entonces corrió rápidamente hacia Elí. «¿Qué deseas que haga?», le preguntó Samuel.

«Yo no te llamé», dijo Elí. «Vuelve a la cama y duerme un poco».

Pero Samuel escuchó
la voz por segunda vez.
«¡Samuel, Samuel!».

Samuel corrió nuevamente
hacia el sacerdote.
«¡Aquí estoy! ¿Qué quieres?».

Una vez más, el anciano
sacerdote envió a Samuel de
regreso a la cama. Pero luego
sucedió una tercera vez.

Entonces Elí se dio cuenta de
que era Dios quien lo llamaba.
«Si oyes la voz de nuevo», le
dijo a Samuel, «responde así:
"¡Te escucho, Señor! ¿Qué
debo hacer?"».

Samuel volvió a la cama. Al poco tiempo la voz volvió a llamarlo: «¡Samuel, Samuel!»

Samuel hizo tal como le había dicho Elí. «¡Te escucho, Señor!», dijo. «¿Qué debo hacer?». Y Dios le habló a Samuel.

Cuando Samuel creció, se convirtió en un gran líder de su pueblo. Dios le confió muchos mensajes para ellos.

¿Qué encuentras en esta historia?

1. Un sombrero de sacerdote
2. Un bebé
3. Una túnica verde
4. Una lámpara
5. La luna

Repasemos

¿Por qué Ana se sentía triste?
¿Quién estaba llamando a Samuel?

David y Goliat

David era un joven pastor. Con su honda, protegía a sus ovejas de los animales salvajes.

David tenía siete hermanos mayores.

El rey llamó a los hermanos de David: «Vengan a ayudar a luchar contra los enemigos, los filisteos».

Un día, el padre de David lo envió a visitar a sus hermanos en el campamento del ejército.

La madre de David le dio comida para sus hermanos.

Pronto, David encontró a sus hermanos en el campamento del rey.

De repente, escuchó una voz que gritaba: «¿Quién se atreve a pelear conmigo?».

«¿Quién es el que grita?», preguntó David. Sus hermanos se veían aterrorizados.
«Es el gigante Goliat», dijo uno.
«Está peleando por los filisteos».

«Todos los días Goliat llama a alguien para luchar contra él. Es tan alto y fuerte que nadie se atreve».

«¡Yo lo haré!», dijo David. Sus hermanos simplemente se rieron.

David fue a ver al rey y le dijo: «Yo pelearé por ti contra el gigante Goliat».

Todos se rieron de nuevo.

«Muy bien», dijo el rey. «Debes ser muy valiente. Te prestaré mi espada y mi casco».

Pero eran demasiado grandes y pesados para el joven David.

David salió a pelear contra el gigante y llevaba solo su honda.

David escogió cinco piedras pequeñas del arroyo.

Cuando lanzó la primera piedra, David derribó al gigante.

Todos los soldados enemigos huyeron.

Dios ayudó a David a vencer al enorme gigante, Goliat.

¿Qué encuentras en esta historia?

1. Un campamento
2. Una corona
3. Una espada
4. Algunos peces
5. Algunas piedras

Repasemos

¿Por qué nadie se atrevió a luchar contra Goliat?

¿Quién ayudó a David a vencer a Goliat?

Daniel y los leones

Daniel era un buen hombre.

Era uno de los principales ayudantes del rey.

Todas las mañanas, en todos los almuerzos y todas las noches oraba a Dios.

Un día, el rey ordenó: «¡No ores más!».

«Cualquiera que me desobedezca será arrojado a los leones», dijo el rey.

Pero Daniel seguía orando.

Los enemigos de Daniel fueron a ver al rey.

Y le dijeron: «Vimos a Daniel orando».

«Entonces debemos arrojarlo a los leones», dijo el rey.

Los soldados lanzaron a Daniel al foso de los leones.

Cayó de bruces al suelo.

Pero pronto Daniel estaba de rodillas otra vez orando.

Daniel oró: «¡Dios mío, sálvame de estos leones hambrientos!».

Los leones rugieron y se relamieron los labios.

De pronto apareció un ángel.

«Leones, cierren la boca», dijo el ángel.

Y las bocas de los leones fueron cerradas.

Ninguno de los leones pudo lastimar a Daniel.

A la mañana siguiente, el rey fue al foso. «¿Cómo es que no estás herido?», preguntó.

«Dios envió a su ángel para protegerme», dijo Daniel.

El rey se arrepintió de haber arrojado a Daniel a los leones.

«¡Sal rápido!», le dijo el rey a Daniel.

«Dios realmente responde tus oraciones», dijo el rey.

¿Qué encuentras en esta historia?

1. El rey
2. Un foso de leones
3. Una araña
4. Un cachorro de león
5. Un ángel

Repasemos

¿Qué no dejó de hacer Daniel?
¿Por qué los leones no lastimaron a Daniel?

Jonás y el gran pez

Pronto Jonás estaba lejos de Nínive, pero Dios no estaba contento con él.

Entonces Dios envió una gran tormenta.

El barco se balanceaba y se movía en las olas.

Pero Jonás estaba abajo profundamente dormido.

Los marineros despertaron a Jonás. «¡Ora a Dios para que nos salve!», gritaron.

«Solo tírenme por la borda», dijo Jonás. «Entonces estarán a salvo».

Los marineros arrojaron a Jonás al mar.

Entonces, inmediatamente la tormenta se detuvo.

Pero Jonás se sumergió profundamente en el mar.

De repente, un gran pez se lo tragó de un solo bocado.

Luego, el pobre Jonás se encontró sentado dentro de la barriga del pez.

¡Se sintió muy asustado!

«Lo siento mucho», oró Jonás.

«¡Señor, si me salvas haré todo lo que me digas!»

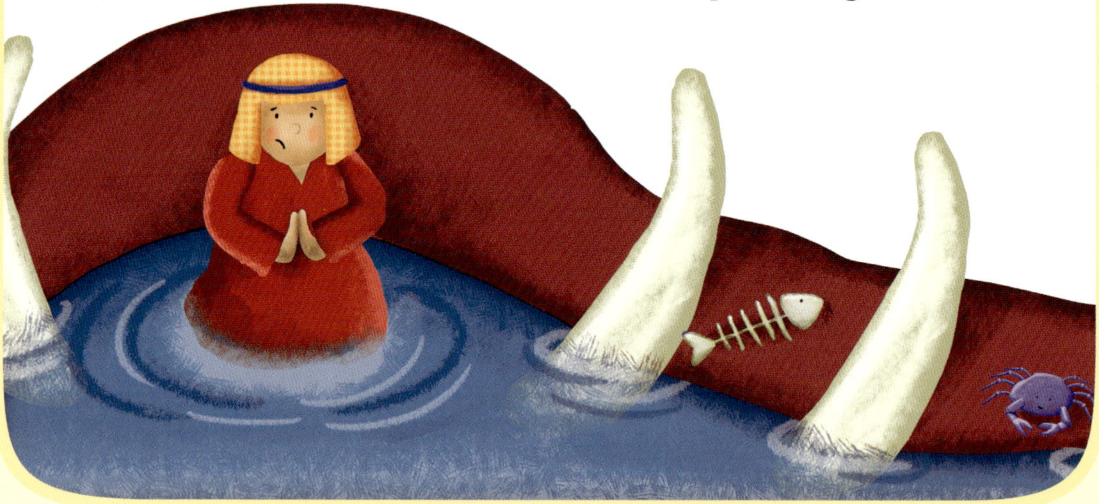

Tres días después, el gran pez nadó hasta la orilla y escupió a Jonás en la arena mojada.

De inmediato, Jonás corrió a Nínive.

Ahora quería hacer lo que Dios le había dicho.

Jonás le dijo a la gente de Nínive: «Dios los ama y quiere que lo obedezcan».

¿Qué encuentras en esta historia?

1. Aves marinas
2. Espinas de pescado
3. Un cangrejo morado
4. Algas marinas
5. Un remo roto

Repasemos

¿A dónde le pidió Dios que fuera Jonás?
¿Qué oró Jonás cuando estaba dentro del gran pez?

El Nuevo Testamento

El niño Jesús

María vivía en el pequeño pueblo de Nazaret. Un día, se le apareció un ángel.

«¡No tengas miedo!», le dijo el ángel. «¡Dios está muy feliz contigo!».

«Te va a dar un bebé especial. Debes llamarlo "Jesús"». Luego el ángel se fue.

María se iba a casar con un carpintero llamado José. Comenzaron a prepararse para la llegada del bebé.

Poco tiempo después, el gobernante ordenó: «Todos deben ir al lugar donde nacieron para que anoten sus nombres».

José era de Belén, así que tuvo que regresar allí.

María y José emprendieron el largo camino hacia Belén.

Por fin llegaron. Para ese momento María se sentía muy cansada.

José llamó a la puerta de cada posada. «¡Lo siento! ¡No hay lugar!», le dijeron los posaderos.

José encontró un lugar donde guardaban a los animales.

Esa noche, en el establo, nació el bebé de María.

María lo llamó «Jesús», tal como le dijo el ángel.

En los campos cercanos, los pastores estaban cuidando las ovejas.

De repente, se les apareció un ángel.

«Un bebé especial ha nacido en Belén», dijo el ángel. «¡Salvará a su pueblo!».

Entonces, multitudes de ángeles llenaron el cielo.
«¡Alabado sea Dios!», cantaban.
«¡Paz en la tierra!».

Los pastores corrieron a Belén para encontrar a este bebé especial.

Pronto descubrieron el establo. Entraron cuidadosamente y vieron al niño Jesús, acurrucado en la paja.

Allá en Oriente, unos sabios vieron una nueva estrella brillante.

«Eso significa que ha nacido un nuevo rey», dijeron. «¡Sigamos la estrella y encontremos al rey!».

Los sabios emprendieron un largo viaje, siguiendo la estrella.

Finalmente, la estrella se detuvo en Belén y allí encontraron a Jesús.

Se arrodillaron ante él y le ofrecieron ricos regalos: oro, incienso y mirra.

¿Qué encuentras en esta historia?

1. Un ángel
2. Un burro
3. Una multitud de ángeles
4. Un pesebre
5. Un camello

Repasemos

¿Qué les dijo el ángel a los pastores?
¿Qué siguieron los sabios para encontrar a Jesús?

Pedro el pescador

Pedro era pescador. Él y su hermano Andrés tenían un pequeño barco de pesca.

Todos los días iban a pescar al lago de Galilea.

Un día Jesús llegó al lago y les dijo: «Por favor, déjenme subir a su barco».

En la orilla había una multitud de personas.

De pie en la barca de Pedro, Jesús les contó algunas de sus maravillosas historias.

Cuando terminó de hablar, Jesús le dijo a Pedro: «Navega hacia aguas profundas y echa tus redes. ¡Vamos a pescar!».

«Es inútil», dijo Pedro. «Hemos estado toda la noche y no hemos pescado nada».

«Pero, si quieres», dijo Pedro, «lo intentaré de nuevo».

Entonces, Pedro y Andrés navegaron por el lago hacia donde el agua era profunda.

Echaron la red y cuando intentaron sacarla, ¡estaba tan llena de peces que comenzó a romperse! Los pescadores sacaron una enorme pesca.

«Ahora vengan conmigo», les dijo Jesús. «Tengo un trabajo especial para ustedes».

Inmediatamente dejaron las redes y siguieron a Jesús.

En otra ocasión, Pedro estaba en un bote con Jesús y sus otros amigos.

De repente, se desató una gran tormenta.

Las olas sacudían el bote de un lado a otro.

Los amigos de Jesús se asustaron mucho.

Pero Jesús estaba profundamente dormido en la barca. Entonces, despertaron a Jesús.

«Ayúdanos», gritaban. «¡Estamos a punto de ahogarnos todos!».

Jesús se puso de pie y le dijo al viento: «¡Silencio! ¡Quédate quieto!».

De inmediato la tormenta se detuvo. Todo volvió a estar en calma.

«¡Es asombroso!», dijeron Pedro y sus amigos. «¡Hasta el viento y las olas obedecen a Jesús!»

Pedro era uno de los amigos más cercanos de Jesús.

¿Qué encuentras en esta historia?

1. Un ratón
2. Un pájaro azul
3. Un cangrejo
4. Una almohada
5. Olas tormentosas

Repasemos

¿Qué quería Jesús que Pedro intentara hacer de nuevo? ¿Cómo se detuvo la tormenta?

María y Marta

En el pequeño pueblo de Betania vivían dos hermanas y su hermano.

Las hermanas se llamaban María y Marta.

Su hermano se llamaba Lázaro.

Ellos eran muy buenos amigos de Jesús.

Jesús solía comer con ellos a menudo.

O se quedaba como invitado en la casa de ellos.

Un día Jesús viajaba con sus discípulos cuando llegaron a Betania.

«Por favor, ven a vernos», dijo Marta.

María también estaba en casa.

Jesús entró en la casa y María inmediatamente se sentó con él.

Jesús hablaba y María escuchaba atentamente.

Ella quería escuchar las historias que contaba Jesús.

Marta tenía mucho que hacer.
A ella le encantaba cocinar.

Marta quería preparar una
gran comida para Jesús.

Pronto estuvo ocupada,
cortando verduras y cocinando.

Después de un rato, Marta
pensó: «¿Por qué María no
me ayuda?».

Ella empezó a sentirse muy enojada, así que fue a ver a Jesús.

«Estoy haciendo todo el trabajo sola», se quejó. «¡Por favor, dile a María que me ayude!».

«Marta, te preocupas mucho por demasiadas cosas», dijo Jesús, «por eso te olvidas de las cosas realmente importantes».

«María ha hecho lo correcto», le dijo Jesús.

«Me ha estado escuchando. Le he estado contando de los caminos de Dios».

«Ella ha guardado mis palabras en su corazón», dijo Jesús. «Nadie puede quitarle eso».

¿Qué encuentras en esta historia?

1. Un abrigo verde y marrón
2. Una jarra
3. Una chimenea
4. Una cebolla morada
5. Una ventana

Repasemos

¿Qué le encantaba hacer a Marta?
¿Por qué María había hecho lo correcto?

El buen samaritano

Jesús contó muchas historias para mostrarnos cómo podemos ayudarnos unos a otros.

Una de las historias es sobre un buen samaritano.

Un día, un hombre iba de la ciudad de Jerusalén a la ciudad de Jericó.

El camino pasaba por lugares peligrosos y el hombre viajaba solo.

De repente, unos ladrones saltaron de detrás de las rocas.

Atacaron al hombre y le robaron todo lo que tenía.

Luego, los ladrones golpearon al hombre y huyeron. Lo dejaron tirado, gravemente herido.

Después de un rato,
pasó por el camino
un sacerdote. Iba de
camino a Jerusalén.

«Estoy seguro de que este
sacerdote me ayudará»,
pensó el hombre herido.

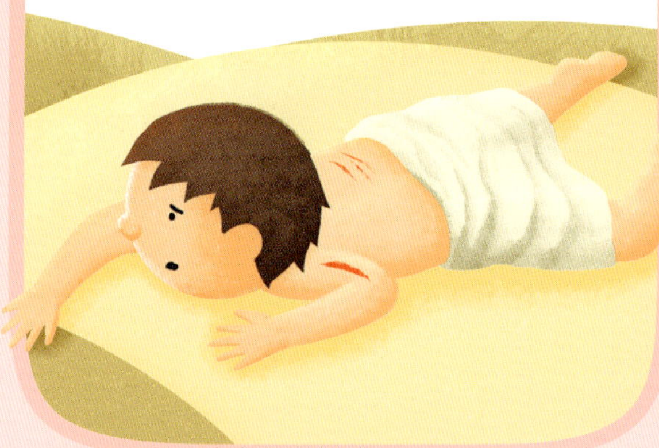

Pero el sacerdote
pasó por el otro
lado. No hizo nada
para ayudarlo.

Más tarde pasó otro hombre.
Trabajaba en el Templo
sagrado en Jerusalén.

«Realmente espero que este sí me ayude», pensó el hombre herido.

Pero el segundo hombre tampoco lo ayudó.

«¿Nadie me va a ayudar?», pensó el pobre hombre.

Finalmente, un samaritano pasó por el camino. Estaba muy lejos de su propio país.

En cuanto vio al hombre herido, se detuvo.

El samaritano fue a ayudarlo. Lavó sus heridas y las vendó.

Entonces el samaritano ayudó al hombre a subirse a su burro y partieron despacio por el camino.

Se estaba haciendo tarde. Por fin, llegaron a una posada.

«Cuida de mi amigo», le dijo el samaritano al posadero.

«Pagaré lo que sea necesario para cuidarlo», prometió.

«Debes hacer lo mismo que el samaritano», dijo Jesús. «Ayudar a todo el que esté en necesidad, sea quien sea».

¿Qué encuentras en esta historia?

1. Un sacerdote
2. Un burro
3. Una venda
4. La luna
5. Un posadero

Repasemos

¿Quién se detuvo a ayudar al hombre herido?
¿Por qué contó Jesús esta historia?

La oveja perdida

Había una vez un pastor que tenía exactamente cien ovejas.

Era un pastor muy bueno.

Él protegía a sus ovejas de los lobos hambrientos.

Ahuyentaba a las águilas crueles.

Cada noche contaba las ovejas que
llevaba al redil y luego se tumbaba
en la puerta.
Todas sus ovejas estaban a salvo.

Cada día el pastor llevaba su rebaño a
campos llenos de hierba y encontraba
agua para que las ovejas bebieran.

Un día, una oveja se perdió y muy pronto se encontró lejos.

La oveja perdida se deslizó por una pendiente...

y terminó atrapada en un arbusto espinoso.

Esa noche, como de costumbre, el pastor contó sus ovejas.

Solo había noventa y nueve. ¡Ay, Dios mío! ¡Faltaba una oveja!

Inmediatamente el pastor se dispuso a encontrar su oveja perdida.

Buscó por todas partes.

Al fin, el pastor encontró a su oveja perdida. Suavemente la levantó del arbusto espinoso.

El pastor llevó a su pobre oveja perdida a casa.

Pronto la oveja estaba jugando felizmente con el resto del rebaño.

El pastor estaba muy contento de haber encontrado a su oveja perdida.

«¡Hagamos una fiesta!», dijo a sus amigos.

Jesús dijo: «Yo soy el buen pastor y conozco a todas mis ovejas».

¿Qué encuentras en esta historia?

1. Un lobo
2. Un redil de ovejas
3. Una cerca rota
4. Un murciélago
5. Un arbusto espinoso

Repasemos

¿Por qué el pastor hizo una fiesta?
¿Quién dijo: «Yo soy el buen pastor»?

El hijo perdido

Jesús contó muchas historias para mostrar que Dios se preocupa por nosotros y nos ama.

Una historia era sobre un granjero que tenía dos hijos.

«¡Quiero irme de casa!», dijo un día el hijo menor. «Por favor, dame todo mi dinero».

Pronto el muchacho hizo su maleta y partió. Su padre estaba muy triste al verlo irse.

El joven emprendió un largo viaje a un país lejano.

Cuando llegó, gastó su dinero en dar muchas fiestas.

Pero al poco tiempo todo el dinero se había acabado.

En cuanto se fue el dinero, sus amigos también desaparecieron.

Ahora el hijo menor no tenía dinero ni comida.

El único trabajo que pudo encontrar fue alimentar a cerdos fangosos y glotones.

¡Tenía tanta hambre que hasta quería comer la comida de los cerdos!

Entonces pensó: «Papá tiene sirvientes que están mucho mejor que yo».

Así que decidió volver a casa.
Fue un viaje largo y agotador.

Por fin vio su casa.
Su padre lo estaba esperando.

Cuando todavía estaba muy lejos, su padre lo vio.

¡El anciano estaba tan feliz! Corrió a encontrarse con su hijo perdido.

Abrazó y besó a su hijo perdido. «Padre, me he equivocado», dijo el muchacho.

«Dejé a mi familia y malgasté tu dinero. No soy lo suficientemente bueno para ser tu hijo».

Su padre lo detuvo. «Rápido!», gritó a sus sirvientes. «¡Traigan la mejor ropa para mi hijo!».

«¡Díganle al cocinero que prepare el mejor ternero! ¡Vamos a tener una gran fiesta para celebrar!».

«¡Este hijo mío estaba perdido, pero ahora lo hemos encontrado!»

¡Hicieron una gran fiesta!

«Dios también se alegra», dijo Jesús, «cuando recibe a personas que están perdidas».

¿Qué encuentras en esta historia?

1. Una bolsa de dinero
2. Algunos cerdos
3. Un balde lleno de barro
4. Charcos de agua
5. Un abrigo morado

Repasemos

¿Cuál fue el único trabajo que pudo encontrar el hijo menor? ¿Cómo recibió el padre a su hijo?

Zaqueo

En la ciudad de Jericó vivía un hombre llamado Zaqueo.

No le caía bien a la gente, así que no estaba muy contento.

Zaqueo recaudaba dinero de los impuestos de la gente.

Pero tomaba más de lo que debía. Era codicioso.

«Zaqueo es muy, muy rico», se quejaba la gente.

«¡Es rico porque nos quita mucho dinero a todos!».

Un día la gente escuchó que Jesús estaba de visita en la ciudad.

Se agolparon en la calle para tratar de verlo.

Pero Zaqueo era muy, muy pequeño.

Era tan pequeño que no podía ver por encima de las cabezas de otras personas.

Como a la gente no le caía bien Zaqueo, nunca lo dejaron pararse al frente.

De repente, Zaqueo tuvo una gran idea. Se subió a un árbol y se sentó en una rama.

Ahora podía ver venir a Jesús.

¡Y nadie lo notaría escondido en el árbol!

Pero cuando Jesús llegó al árbol, se detuvo y miró hacia arriba.

«¡Zaqueo, baja! Quiero ir a cenar contigo», le dijo Jesús.

¡Zaqueo estaba asombrado! Se deslizó por el árbol tan rápido como pudo.

La gente lo miró con asombro mientras llevaba a Jesús a su casa.

Tuvo una maravillosa cena con Jesús.

Zaqueo cambió mucho después de conocer a Jesús.

«Zaqueo es un hombre malo», se quejaban las personas. «Jesús no debería visitarlo».

Pero ahora Zaqueo devolvió todo el dinero que había tomado de más.

«¡Es un día especial para ti!», le dijo Jesús a Zaqueo. «Dios está muy contento contigo».

¿Qué encuentras en esta historia?

1. Bolsas de dinero
2. Un tocado morado
3. Una rama de árbol
4. Dos tazas
5. Un poco de pan

Repasemos

¿Por qué Zaqueo no caía bien a la gente?
¿Qué hizo Zaqueo después de encontrarse con Jesús?

La Primera Pascua

Durante tres años Jesús viajó contando historias maravillosas y sanando a la gente.

Un día les dijo a sus amigos: «Vayamos a la gran fiesta en Jerusalén».

Jesús tomó prestado un burro y entró en la ciudad.

Al pasar Jesús, la gente agitaba ramas de palmera. Gritaban: «¡Hurra por Dios!».

Una noche, Jesús cenó con sus doce amigos especiales, los discípulos.

Compartió con ellos el pan y el vino. «Hagan esto para recordarme», les dijo.

Después de la cena, los llevó a un jardín cercano, donde Jesús oró, pero todos sus discípulos se durmieron.

Los enemigos de Jesús llegaron al jardín y se lo llevaron.

Trajeron a Jesús para que lo interrogaran algunos sacerdotes.

Luego lo llevaron ante el gobernante. «¡Jesús debe morir!» ordenó.

Unos soldados crueles llevaron a Jesús a una colina fuera de la ciudad.

Jesús murió allí en una cruz de madera.

Los amigos y familiares de Jesús vieron todo lo que pasaba con mucha tristeza.

Unos hombres pusieron el cuerpo de Jesús en una tumba de piedra. Luego rodaron una enorme piedra para tapar la entrada.

Dos días después, algunas amigas de Jesús visitaron la tumba.

¡Estaban asombradas! La gran puerta de piedra había sido removida.

Las mujeres entraron y encontraron a un hombre vestido de blanco sentado allí.

«¡No tengan miedo!», les dijo. «Jesús no está aquí. ¡Ha resucitado de entre los muertos!».

Las mujeres corrieron a contarles a los discípulos todo lo que habían visto.

Mientras los amigos de Jesús hablaban sobre lo que había sucedido, Jesús se les apareció.

Algunos estaban aterrorizados. «¡No soy un fantasma!», dijo Jesús. «¡Tóquenme y vean!».

Más tarde, Jesús llevó a sus discípulos a una colina en las afueras de Jerusalén y allí se despidió de ellos.

«Estaré con ustedes siempre», prometió Jesús. Luego fue llevado en una nube.

¿Qué encuentras en esta historia?

1. Un burro
2. Un poco de pan
3. Una lanza
4. Una puerta de piedra
5. Un hombre de blanco

Repasemos

¿Cómo saludaba la gente a Jesús cuando entró a Jerusalén?
¿Qué dijo el hombre de blanco a las amigas de Jesús en la tumba?

Pablo

En Jerusalén vivía un hombre llamado Pablo. Odiaba a las personas que amaban a Jesús.

Las perseguía y las metía en la cárcel.

Un día, Pablo salió hacia la ciudad de Damasco. Quería arrestar a las personas que amaban a Jesús.

De repente, en el camino, una luz brillante lo dejó sin poder ver.

Entonces escuchó la voz de Jesús que le preguntaba: «Pablo, ¿por qué lastimas a mi pueblo?».

Pablo continuó su camino hacia Damasco. Allí, Dios le devolvió la vista.

Pero Pablo había cambiado. Ahora amaba a Jesús y quería contárselo a los demás.

Mientras tanto, los enemigos conspiraban para matar a Pablo.

Una noche oscura, unos amigos lo ayudaron a escapar de la ciudad. Lo bajaron del muro en una canasta.

«Debo hablar a la gente de otros países del amor de Jesús», decidió Pablo.

Así que se embarcó con su buen amigo Bernabé.

Juntos visitaron muchas ciudades, contando a la gente que Jesús había resucitado de entre los muertos.

Algunas personas creyeron y se hicieron cristianas.

Otras se enojaron y lastimaron a Pablo y Bernabé.

Pablo visitó la ciudad de Jerusalén y allí lo capturaron sus enemigos.

Lo llevaron a juicio y lo mantuvieron en prisión durante dos años.

Luego lo enviaron en barco a la ciudad de Roma, para que lo juzgaran.

Navegaron en medio de una feroz tormenta. «¡Nos vamos a ahogar!», gritaron los marineros.

«Dios ha prometido que todos estarán a salvo», les dijo Pablo.

La tormenta se hizo cada vez peor. Finalmente, el barco se destruyó al chocar en una isla.

Pero, efectivamente, todos llegaron a salvo. ¡Dios protegió a todos los que estaban en el barco con Pablo!

Así que Pablo llegó a la gran ciudad de Roma. Allí fue puesto en prisión de nuevo.

Pero incluso en la cárcel, Pablo escribía cartas a sus amigos, contándoles del amor de Jesús.

¿Qué encuentras en esta historia?

1. Una luz brillante
2. Una canasta grande
3. Un barco
4. Un naufragio
5. Cartas

Repasemos

¿La voz de quién escuchó Pablo en el camino a Damasco?
¿Sobre qué escribió Pablo en sus cartas?

El Padre Nuestro

Padre nuestro que estás en los cielos,
santificado sea tu nombre.
Venga tu reino. Hágase tu voluntad,
como en el cielo, así también en la tierra.
El pan nuestro de cada día, dánoslo hoy.
Y perdónanos nuestras deudas,
como también nosotros perdonamos a
nuestros deudores.
Y no nos metas en tentación,
mas líbranos del mal;
porque tuyo es el reino, y el poder,
y la gloria, por todos los siglos.

Amén.

La oración del pastor

Querido Dios, tú eres mi pastor,
me das todo lo que necesito,
me llevas donde la hierba crece verde
y puedo alimentarme con seguridad.
Me llevas donde el agua
es tranquila, fresca y clara,
allí descanso y sé que estoy a salvo
porque siempre estás cerca.

Amén.